AF430156

Colección #106

«Amistad»

Amaury González Reyes

OASIS&ALAMBIQUE
PUBLISHING

Published by:
OASIS & ALAMBIQUE PUBLISHING CORP.
Miami, Florida
(c) 2020 Amaury González Reyes
~Colección #106: "Amistad"
ISBN-9798675678457

Esta Colección #106 fue finalizada en Miami, en el mes de julio del 2017.

TÍTULOS

1- <u>ME ALIMENTASTE</u>

Mi amiga del ciberespacio,
te he visto en casa y poniendo posts;
y sabiduría en las frases que publicas,
¡me ilumina con luz natural tu halo!

Tu ropa de deportista
te ajusta súper bien y te queda chula;
tu figura es de la alteza secular
de un mundo que me encanta vivir.

Últimamente, cuando te veo en el Face,
me alimentas el alma y me transportas;
con ese deseo de arrancar mi cuerpo
y aterrizar en tu cercanía...

Y me alimentaste desde la primera vez
que puse mis ojos en tus fotos;
reconocí que había algo en ti
que me imantaba, a la esencia de tu ser.

El placer de tenerte presente
no lo he tenido aún, quizá podría pasar;
pero sólo con alimentarme me has revivido
y he resucitado, de sólo tú platicarme.

2- <u>ES DURO DARSE CUENTA</u>

Es duro darse cuenta de que alguien que te gusta,
alguien que te gustaría amar, hacerle el amor,
compartir con ella esos momentos espléndidos
jugando en la playa, caminando por bulevares
con escapes idóneos donde nadie nos conozca;
pero es duro darse cuenta de que no le interesa
mi deseo de compartirla, de estar a su lado.

Me duele la vida porque no es común el rechazo,
no es común que alguien se entregue, te dé ágape
y de pronto, te deja peor que al principio de todo...
Hoy me duele, ya no quiero escribirle ni llamarla,
me olvidó o como me dijo un día, "que me quería
únicamente para ella, cuando ella no está sola",
y al igual que yo, comparte su vida con alguien.

Es duro darse cuenta después de mucho tiempo,
que esa persona que tanto anhelamos se va, se fue;
yo la extraño, pero a mi edad ya no estoy para sufrir,
buscaré la salida de olvidarla como lo hace conmigo...
También tengo amor propio y descuido lo demás,
y aunque ha sido muy duro para mí darme cuenta,
estaré mejor desengañado, que esperando por ella.

3- <u>SI SE PUEDE SER...</u>

Si se puede ser un árbol yo sería tu raíz,
por tal de encajarme en la tierra y mantenerte viva.

Si se puede ser una luz en el horizonte yo sería tu haz,
para asegurarme que te sigas fosforescente y visual.

Si se puede ser una frase de amor yo sería tu palabra,
garantizando que dejes el significado en esa idea.

4- <u>NI TE QUIERO SIN TI</u>

Me quiero cuando me quieres,
me liberas la autoestima
y rebelde soy si eres,
la razón de quien estima.

Enrollas tu currículum en mí,
te analizo como asignatura pendiente;
pero cuando ni te quiero sin ti,
me convierto en un demente.

Abarrotas mis labios a los tuyos,
asesinas mis vínculos con todo;
por quererte he armado barullos
y dejado de desearme, de algún modo.

Por eso, ni te quiero sin ti, mi Amor,
porque comencé contigo el camino;
y descanso sobre tu esplendor
cuando diriges nuestro destino.

5- <u>APIÁDATE</u>

Apiádate de mi alma, porque aprendí a ser tuyo,
antes de ser de mí mismo...
Moriría si no fuese el amor,
un amor como el tuyo que me aviva para revivir
y no opino que estemos separados;
eso es sólo en materia y en malos pensamientos...
Yo te siento tan cerca
que no creo que estés tan lejos.
Algún día te volveré a escribir si te acercas
otros cien poemas con romanza para ti;
pero con sangre de mi corazón despedido
y sobre el papel de tu cuerpo, te los escribiré.
Antes te veía y sabía que eras especial;
hoy te admiro más, por ser única.

Apiádate de aquellas noches puras de Amor,
porque esas noches me recuerdan a ti;
así te pintaré una flor con ternura
y te la regalaré por nuestro amor discontinuado.
Y si soy el hombre que aun te interesa,
déjame saber con tu corazón si yo soy, él...
Yo por ti, volaría sin alas y acabaría
con todo lo malo del mundo;
y es por quererte tanto, que tengo esta fuerza.

Apiádate de esta desidia, porque ya me cansé
de soportar el invierno de mi Soledad sin ti;
sólo quiero disfrutar el verano de tu Compañía.
Voy a deletrear un párrafo en tu vida,
pero luego bórralo, para que nadie te lo copie.
Deseo despertar, verte y haberte soñado,
eso hará que sea un día esplendido en mi vida...
Y buscaré el mejor jardín entre todos los continentes,
para regalarte las rosas más bellas del universo.

Apiádate que aquí, está todo vacío sin ti;
no entiendas menos de lo que es,
ni más de lo que no debes...
Parece que el Internet tiene colesterol,
porque no le encuentro el interruptor a las noches,
cuando no estás conmigo, para apagarlas.

Apiádate por favor, no me hace falta soñar,
cada noche contigo, para verte a cada instante...
No exagero si digo que,
es un aprendizaje el Olvidarte,
a la hora de estar conmigo a solas.
El milagro de tu esencia ocurre en los respiros,
de este amor tan tuyo que me posee;
y compraré un cráter en la Luna,
para guardar tu silencio en él.

Apiádate, apiádate de mí, de ti misma también,
si es que existe piedad todavía dentro de ti,
para este mísero dolor por amarte;
siempre mía, prohibida, alejada, casada, divorciada,
llena de causas y efectos, con hijos y adultera...
¡Ten piedad! Ven y abrázame y serás Magdalena,
jamás juzgaré tu entremés de supervivencia,
jamás dejaré de amarte por lo que has sido;
solamente, apiádate, apiádate de nosotros,
y ya nos habrás liberado de todo sufrimiento.

6- <u>COMPARTIRNOS</u>

Estaba pensado en ese lugar...
Un lugar mágico con naturaleza o asfalto;
no me interesa,
para compartirnos con almíbar y queso.

¿Cómo sería?
Un encuentro furtivo, entre tú y yo...
Con la luz del día o la oscuridad de la noche;
pero los dos allí. Solos.
Abrazados, quizás.
Mirándonos, oliéndonos.

Compartirnos
como dos niños se comparten la merienda;
como dos aves se comparten una fruta.
Compartirnos en dos partes
tan diferentes que terminen iguales.

Tú serás cemento de primavera,
y yo corcel de la Luna.
Conocerte no daría tregua
a la realidad e imaginación;
porque al compartirnos
nos estamos entregando
al más allá de la razón,
al más acá del tiempo,
al centro exacto del amor.

7- ¿POR QUÉ EXISTEN LAS MADRES?

Me hice la pregunta sin trillar el tema, que todos sabemos lo que es... Pero me fui al más allá; allá donde la parte de dar por sentado que una **MADRE**, es un **SER** más que cualquier halago o una fecha de celebración anual. Y por eso mismo, me puse la interrogante: ¿por qué existen las Madres?

Después de cavilar un rato, mientras hacía mis ejercicios físicos rutinarios, resumí que: «Las Madres son las creadoras del Universo». No únicamente del Universo astral o físico que conocemos, o como lo queramos llamar; las Madres son nuestro propio Universo en sí. Giramos alrededor de sus planetas, sus estrellas, sus Lunas, sus Soles y astros con una confianza y pasión inigualables. ¡Sus valores son intransigentes! Son ellas las que ponen la semilla de nuestra encarnación y forman nuestros seres con sus propias esencias; son las que limpian lo que ensuciamos, las que nos levantan cuando nos caemos, las que nos ponen primero que sus propias vidas, las que nos perdonan aun cuando las maltratamos conscientemente...

Las Madres existen para darnos luz propia, encontrar nuestra identidad a través de un amor infinito; ellas deciden la iniciación de nuestro camino y nos obligan a buscarlas cuando sabemos que nadie más, está ahí para nosotros. Y todavía me repito la pregunta: ¿Por qué existen las Madres?

La Madre tiene que existir, simplemente, para que coexista Vida, existencia plena y remunerada para la humanidad u otras criaturas... Todo es parte de una Creación divina que subsiste alrededor de la Maternidad, y las Madres hacen la constancia de Existir con un modo sólido, conciso e integral.

8- <u>SOLO Y SIN NADIE</u>

Yo estoy allí en ti,
y tú estás aquí en mí;
te busco y no apareces
porque estás adentro.

Halar la imagen tuya
es como sacar un cubo de agua,
de esos antiguos pozos
donde yo bebía cuando era niño.

Sigo penetrando un espacio
que no puedo compartir con otra;
tú sigues acompañándome
y no te escapas de mí.

Solo y sin nadie es como estoy,
abotonado a serte infiel;
pero lo que más consigo
es amarte, sin saber cómo te amo.

9- <u>PROSA ALENTADORA</u>

Tienes que dejar de patinar en lo que fue, y correr sobre lo que va a ser. No te aferres. No te atraigas. Sólo flota en el aire como pluma de gaviota, que se le desprende con la ventisca de las mareas.

Cuando te quieras preocupar por alguien que valga la pena, preocúpate por ti. Conócete y estúdiate bien; luego regálate el doctorado de saber quién eres. Supera tus traumas y nadie descubrirá tus complejos. No regales lo que el mundo te ha dado; sólo compártelo.

Piensa que hay dos maneras de resolver algo: una haciéndolo posible y la otra, no haciendo nada. Descúbrete manso, y deja volar tu ego. Así sentirás el aire elevarte...

Concéntrate en una sola cosa. Y si lo puedes lograr, ya no pensarás en hacer nada más, porque ya estás centrado.

Tienes hambre, pero el hambre no mata. Sólo la sed impotente de no tener comida. Y que el tiempo jamás perturbe tu vida, dejándolo pasar en vano.

10- <u>VOY A AMARTE CON PLACER</u>

Voy a amarte con un placer enorme,
como se debe amar un hombre y una mujer;
voy a empezar por entregarte el informe
de todos estos años, que me dejaste de ver.

Voy a involucrarme con tu vida paralela a la mía,
ya no dándote en un ramo de rosas marchitas;
es la época de reiniciar nuestra armonía
y vernos con el mismo deseo, de aquellas citas.

Voy a quererte sentir cuando te ame de placer,
dibujada en las cortinas con tus siluetas;
luego de una ducha tibia, conseguir el menester
de un reencuentro pautado, y sin maletas.

11- <u>CHIQUITA CURIOSA</u>

Viniste y no regresaste más,
Chiquita curiosa, membrana de una vida;
buscas un ritual de ensueños
que te gobierne por comedida,
y yo soy un hombre que va a ser pequeño
cuando tú entras, y él va de salida.

Te fuiste y no miraste atrás,
Chiquita, chiquita curiosa y bonita;
borrón y cuenta nueva para que vivas
y no agazapes tus ansias haciendo rayitas,
de las cuales terminen en una comitiva
por locura de cuerdos, con tristes caritas.

Te quedaste y no lo supiste jamás,
Chiquita tan simple, joven y curiosa;
periodista de mis versos y anacrónica
en un país que esconde tu alma grandiosa,
y el mundo pudiera leer tus crónicas
pero no hay justicia, Chiquita virtuosa.

12- <u>ME LA HAN QUITADO</u>

Siento que me la han quitado,
acaparada de un rincón del alma;
ingrata damisela bordeaba mi camino,
nodriza de mi tiempo con ella.

Me la han quitado, Dios mío,
grito de terror, que no cunda el pánico;
baraja que me marcan con la sota
y una pérdida que no hallo en mí.

Me la han quitado, estos cerdos
tan diabólicos como inhumanos;
le marchitaron las rosas que le regalé
y no ganaron su mérito en el Amor.

Sé que me la han quitado,
se ha caído del nido que teníamos;
es temprano para un vuelo tan bajo,
es muy tarde para volverla a encontrar.

13- <u>CADA UNO TOMÓ POR SU LADO</u>

Tú y yo, somos un parto natural de Adán y Eva,
una sonrisa plasmada con flechazo de Cupido;
mi deshielo es por tu cariño que lo derrite si nieva,
eres la gala del superviviente que yo he vencido.

El dinero no dio a basto para olvidarnos,
la glorieta del mundo ha sido nuestra;
otra vez nos reencontramos para darnos,
lo que la química en los dos demuestra.

Cada uno tomó por su lado la bendita decisión,
no cabía tormento ni paz cuando nos fraguamos;
tú defiendes la realidad y yo la razón,
pero ambos somos uno cuando nos amamos.

14- <u>SUPERVIVENCIA Y FE DE UN ESCRITOR</u>

He andado tanto en los tejados de la Vida, que ya no me molesta el hollín de sus chimeneas. Negro y blanco soy, cuando se trata del Amor. Crecer en un sitio adverso para la cultura, hizo iluminarme los sentidos para crear y tener la Fe de llegar a obtener los objetivos, que, en aquel momento, sólo era el Soñar.

Metamorfosis esencial, es cuando uno se da cuenta que todo se puede lograr después de superar la supervivencia con fe, de permanecer con la inquebrantable posición que nos hace evolucionar; trasmutar el pasado tanto bueno como malo, en una esencia propia y voluntaria.

Despertar del Tercer ojo, es cuando ya llegas al punto que superas obstáculos y ves que no somos este traje de carne y huesos; y somos parte de esa energía divina que recibimos con mensajes subliminales y aceptación, en la presencia del Todo aquí. Ahí, es cuando despertarnos, ¡así fue como desperté Yo! Nuestras guías espirituales, siempre nos velan aun cuando perdamos la Fe.

No puedo imitar, ni siquiera trillar un dicho. Prefiero crear con mi escasez verbal. Y perdí la primera batalla, para vencer todas las que venían después. Jamás me he podido perdonar, cuando no he perdonado a alguien. Desde niño me dijeron que no llegaría a ninguna parte. Y tenían razón. ¡Sólo que he recorrido los cuatros puntos cardinales del Universo!

Yo no quiero belleza exterior para mí, sólo conciencia interior para todos. Las personas que no son agradecidas, poco a poco, van perdiendo su integridad hasta llegar a la desolación.

Escribir no es tinta ni papel. Escribir es pensar y teclearlo. El día que la poesía deje de circular por mis venas o de fluir una simple letra, ese día será cuando muera.

La existencia da una gama de bendiciones, herramientas y virtudes, pero depende de nosotros, como la utilicemos y lo agradezcamos. Y perder la razón por un Partido político, es como perder la virginidad con alguien que no vale la pena.

AMAR, cuando el corazón sabe ocupar su espacio en el Amor. Soñar no es lo que me interesa, pero quedarme dormido sí... Podrán destruir el mundo, pero jamás el Amor de los seres amantes. Quiero pensar que el Amor es un poder ajeno, que se apodera de nosotros; pero el Amor va en nosotros como la Luna en el espacio con sus diferentes estaciones. Yo no puedo ser más grande que tú, ni tú menos incapaz que yo; pero, sin embargo, ambos podemos ser grandemente capaces de Amar.

El día que pienses que el dinero es la felicidad, no te hagas escritor. Yo soy un hombre sencillo y cultivado, y ahora estoy enamorado viviendo eternamente. Mientras, quien menos me quiere, no me hace llorar, sino reír... El Respeto se recibe con nuestras acciones, que lo proyectan. Y hay quienes no tienen integridad ni amor propio, no lo conocen. El odio, trae consigo la desgracia y el infortunio de lo vivido; nos limita a lo que hay que darle gracias.

Hay que dormir las horas necesarias y aprovechar las que nos dan para producir. No hay dolor más grande en la Vida, que pasarse el tiempo tratando de no hacer nada.

El día que trabajar sea algo injusto para mí, será el día que me quiera convertir en cavernícola. La vida retoña a medida que se le van viviendo los capítulos escritos en ella, para vivirla.

¡Qué Dios siga bendiciendo al Universo! El universo es la perfecta creación de todas las creaciones habidas y por haber. Un pincel divino lo dibujó...

Es un proceso de asimilación y fe. No cambia esto que se fija para obtener la armonización. Abusar de alguien de una forma descarnada, aprovechándose de su gentileza, eso es crueldad.

Nosotros escribimos frases bonitas, (yo soy uno de ellos), pero la frase real es aquella que se escribe con sangre. Y siempre habrá críticos y son los que me gustan; por la fuerza que me dan con sus conclusiones nulas.

Canta Poeta, canta, y escucha, Cantor, escucha; porque la poesía es la que aviva la música a través de su magia. Hacer poesías no es el modo correcto de expresarlo, porque lo que ya estaba hecho, antes de sacarlo de adentro, no se rehace.

El miedo sólo sirve para inhibir la valentía que se desconoce, cuando no se enfrenta la realidad. No odio la política, pero sí repugno a los políticos que me convidan a odiarla por sus asquerosos actos. No quiero gente que me siga, sino personas capaces de reflexionar.

Hay una frase que jamás se ha dicho, y esa me gustaría escribirla yo, en el último instante de cerrar mis ojos. No preocuparse es de tontos, pero preocuparse en exceso es de idiotas, sobre situaciones que no se pueden solucionar.

Quise ser Quijote y terminé con el mismo oficio de Cervantes. Muchas veces intentamos a hacer el Bien, y lo que hacemos es confundirnos haciéndolo... Pero hagámoslo igual. Mis versos son como delfines que saltan en los mares, pero hacen sobre el oleaje, una poesía.
Cuando desees emplear bien tu vida, empléala amando. Mientras aprendamos a vivir, aprenderemos la conexión tan mágica con la muerte. Sufrir no cuesta nada; sólo dejar que alguien estúpidamente, venga a amargarte la existencia y lo dejes. Si has pensado que has amado, es cuando te hayan odiado primero y hayas perdonado. Yo no sé nada y no es sólo eso, es que no me interesa saber.

Conté con un escudero, y después me di cuenta de que estaba solo. Cuando me abandonó en la peor batalla de mi vida. Yo no sé ser triste, quizás, un poco pesimista, por frustración y por demás... Soy un señor que jamás fue niño. Y un niño que jamás fue señor. Por eso, me comporto como un adolescente.

Amenaza la Paz, todo aquel que no la lleva en su conciencia. Descúbrete manso, y deja volar tu ego. Así sentirás el aire elevarte. Respiramos porque la felicidad es el aire y el agua, es el alma de la vida. El poder infinito te lo da Dios. En ti, está cultivarlo...

Preciso tiempo, no es para vivir, sino para soñar porque la vida cuando sueñas se convierte en tu sueño. Ya no hay mucho sentido como el común. Lo impensable es arrastrado por la imposición de meditar, ante la abulia de no querer.

El vaivén del romance es un marino en el mar. Es un placer siendo feliz, decretarlo al Universo. Aún hay tiempo para que la felicidad germine en otras almas. No puedo ser un bardo, lo intento y sólo consigo ser el peor artista sobre este personaje.

No cumplí. Me faltaron promesas que no se hicieron. Pero lo glorioso de este destino, es que ahora sí puedo cumplir y prometer. La Vida no es tan simple, como pensar que lo es.

Sin Fe, no existe DIOS. Sólo puede darse sentido al Sobrevivir, si Dios está en nosotros.

15- <u>MI ROMANCE CON LA LUNA</u>

Sueña, que mientras tanto
yo estaré haciéndote el café;
y en tu sueño cosecharás
los granos que te beberás.

Morir por ti,
no fue el negocio de mi vida;
pero resucitar,
fue lo que me hizo ver tu amor eterno.

Bebe este vino de mis manos
cuando te toco;
para que bebas de mis besos,
lo añejado de los años juntos.

Pensaste que no te había olvidado
y no te equivocaste...
En cuanto te volví a besar resucitaste,
te diste cuenta de que te recordaba.

Duele haberte perdido,
pero es más injusto
lo que hiciste conmigo.

Hoy escuché que te vas,
que te quieres quedar sola;
pero acuérdate de pensar
antes de decir, el último adiós.

El Romance con la Luna
me hace escribir:
el itinerario del Sol
y el libro de nuestro Amor.

16- <u>EMPEZAMOS POR UN BESO</u>

Cree, que el beso que nos dimos,
no fue un beso en vano;
ese beso ha tocado nuestras vidas
para perpetuarlas con amor.

Piensa que soy un tipo raro
para que me veas mejor;
porque hoy en día, soy anacrónico
de esas imágenes fortuitas y poco varoniles.

Juegas conmigo cada vez que quieres,
pero ignoras que mi verdadero juego, es amarte.
Cumplo contigo de sólo mirarte,
y poderte alcanzar con mi corazón.

Camina desnuda,
pero camina decente;
que yo te cubriré con la ropa
de tu decencia y pureza.

Se demora la noche
y es porque tú no apareces;
cuando estoy con tu atención,
la noche se esfuma rápidamente.

Supe ser quien era, aunque sin ti,
porque cuando más te necesité, no te hallaba.
Ahora que sé quién soy,
es cuando apareces.

Viviré para pedirte limosna de Amor,
a ver si me das, por las calles de mi vida,
un centavo antes,
que me olvides sin verme.

17- <u>CONOCERLA PARA RECORDARLA</u>

Mi corazón vive bajo la claridad de soñarte
y sentirte como si estuvieras,
circulando dentro de sus ventrículos.

Mi bondad está equitativamente en tu Ser.

Hay un tantito de mí,
que se va acercando a ti.

Soy un muñeco de trapo que obtiene vida,
por el amor que le brindas.

No quiero imaginar el cuento que te haría,
si yo fuese Pinocho;
y mi nariz crecería
por la gran verdad de conquistarte.

Fueron rosas las que te regalaron al despedirte;
yo te doy sonrisas al llegar.

Soy un triste soñador que es feliz soñado tu felicidad.

Poema corto, musa del alma,
palabras sentidas, amor platónico;
mar y ciudad sin ti...
¿Qué es la vida?

Estás en un proceso difícil y ese soy yo,
el manjar exquisito de Satán
para desequilibrarme,
pero yo le digo al universo:
"Aún tengo que conocerla para recordarla".

18- <u>PARA CONQUISTARLA</u>

Un barco a la deriva
no sabe a dónde va;
pero yo contigo me dirijo
al confín del mundo,
sólo por amarte.

Recuerdo tus ojos brillantes
y el cariño de una noche,
que nos llevó atravesar
todos estos años,
y aun sigues prendida a mi alma.

Voy a besarte bajo la luna llena,
pero no sentirás el sabor
de mis labios en la noche,
porque te dormirás de amor.

Quiero llenarte de musa
la libreta de tu vida;
y deseo cosechar de tu amor
la perpetuidad de amarnos siempre.

Y dicen que una mujer
no se conquista con versos;
pero en mi caso,
esa es la única arma que tengo,
para conquistarla.

19- ¿ES CARTESIANISMO LO DE CUBA?

Descontextualizar a cada mamarracho que nos topamos, no es una buena ética para con uno mismo. Esta Filosofía adaptada y repugnante que ha plantado el régimen castrista. No creo que sea la cultura un tema aparte de lo que vincula la ideología de un artista que agradece a la Revolución y decide presentarse en Miami. Hablando en buen cubano, ¿qué carajo es eso?

Yo me enfatizo a ceder más cada día mi ciudadanía cubana y quedarme vendiendo mi patria en todos los instantes, cuando escucho los residuos agrios que ha provocado ese maldito añoso, y que todos nosotros nos hemos quedado separados y arrastrados por gratitudes inmerecidas de ese malhechor.

Aquí no parece llegar el oclusivo desenlace. Mis hijos crecen. Mis padres envejecen y todo va transformándose en el mundo excepto mi isla. Se decía que una vez desapareciera el tirano todo se acabaría, pero al ver a tantos inertes que defienden aún lo que creó ese diablo, me parece que es el cuento de nunca acabar y la vida es solamente una. ¡Y ojalá que no me equivoque! Creo que la epidemia ya infestó, y ya está en los cubanos y no en Fidel.

20- EN TU VIDA ESTOY YO

En tu vida estoy yo ahora,
en espera del juicio sin final;
el mendigo que no era aflora
y eres una flor en mi otoñal.

En tu vida estoy como cielo,
me buscas entre las cuevas;
es manantial nuestro anhelo,
y si puedo verte me renuevas.

En tu vida estoy yo con amor,
queriendo amarte y no lo sé;
es rumbo fijo lo de un cantor
que entona su tonada con fe.

En tu vida estoy casi rendido,
por la falta de comparecencia;
y no es tu culpa haber podido
exacerbar de mí, la impaciencia.

21- <u>ES UNA ESTAFA</u>

Es una estafa la vida,
con secretos y misterios;
esos tíos siempre serios,
son calles sin salida.

Acostarse con María Lola
y ella es tan divertida;
pero es una estafa ida
sin salitre en la ola.

Inútil irse al mar báltico
en un crucero americano;
es una estafa y pasa la mano
antes de un peristáltico.

Gloria de Goliat por ti,
camarón que se duerme;
y suena como perderme
en las entrañas del Sí.

Obsesos estafan el Mal,
me voy de aquí sin querer;
mejor es vivir sin correr
y no estafar, lo sentimental.

22- <u>MIS PÁGINAS DE FACEBOOK</u>

Mis páginas de Facebook son espacios cibernéticos originales. No hay nada falso en mis perfiles. Todo lo que publico es de mi entera autoría. El reemplazo de las páginas Web del pasado, son las que ahora surgen para todos. Es un mundo diverso y virtual, lo que corremos el mismo riesgo de vivir en la calle o en nuestro vecindario. Encontraremos honestidad, falsedad, buenas y malas personas; comportándose del modo que fueron educadas o pobremente son sus conductas. Y también hay excelentes personas, abiertas a leer y compartir el trabajo de cada creador. ¡Eso se agradece con el alma!

Mis páginas de Facebook se lanzan contra un Everest de concesiones ajenas, que pueden ser descontinuadas o pueden ser bendecidas. Pero para alguien que ha venido como yo, de la vieja escuela de un lápiz con escaso papel, esto es una inmensidad prolífera, abastecedora de nutrientes creativos y eso lo agradezco hasta el fin de mis células.

Mis páginas de Facebook son auténticas, hechas de un material real de mi ser, de mis pensamientos, de mis vivencias y supervivencias; en ellas pongo el adjetivo preciso con la libertad y el desarrollo que he alcanzo como sustantivo, también junto a la Humanidad, que nos vaya bien o mal, ya es problema de cada cual... ¡Es pura percepción! En mis páginas hay lealtad e historias verídicas, romances y reflexiones sin ansias de juzgar ni criticar, pero si cumple con el objetivo, también se hace de corazón.

23- <u>DIGO LA VERDAD SÓLO POR TI</u>

Que siempre seas tú
y no yo, el que cambie;
para así continuar haciendo
lo que hago,
para amarte más cada día.

Deja de ver la tele,
con esas noticias frívolas;
que no te permiten
enviarme un mensaje,
romántico por texto.

Jamás perdí la esperanza
de que volvería a verte
y hacerte el amor;
como aquellos años
que vivíamos,
un idilio indescriptible.

Si sueñas, que sueñes
con el que más te ha querido,
como nadie ha sabido quererte;
sin tocarte ni maltratarte.

Y deseándote lo mejor
sin importar,
solamente tu felicidad.

Para qué te voy a mentir,
si es sólo por ti,
que digo la verdad.

24- <u>SOY EXTRANJERO OFICIAL</u>

Del Caribe salí,
a nadie me doy;
del mundo aprendí
y conmigo estoy.

Busco la apología
del sueño ajeno;
camino sin herejía
por amor bueno.

Empaco mi labia,
buceo bajo fuego;
vi perros con rabia
y gané el juego.

Rojiza tempestad,
cuerpos al mío;
balo por verdad
cerca de un río.

Pienso si escribo,
extranjero oficial;
pasaporte recibo
y visa de ilegal.

Yo no soy otro,
soy uno cualquiera;
de emigrar empotro
mi vida extranjera.

25- <u>APOSTASTE A MÍ</u>

Tú apostaste a mí
cuando nadie lo hizo;
tú me amaste incondicionalmente
cuando sólo viste, mi valor interior.

Tu creíste en mí,
lo que ni mi propia familia hizo;
tú me recogiste del polvo vagabundo,
y me hiciste cemento de hombre.

Tú apostaste a mí
con cartas sin marcar,
sin dudar que trampa te podía hacer;
me abriste tu pecho, tu vida, tus piernas
y me convertiste en el cavernícola
de todo lo que te circundaba.

26- <u>HONOR DE PADRE</u>

Hoy, 8 de junio de 2017, tengo el inmenso regocijo de disfrutar viendo a mi hijo mayor, graduado de "High School". Ya listo para ingresar a la Universidad. No es un privilegio, es un milagro para este servidor que lo ha visto desarrollarse, esforzarse y tragarse tragos amargos desde kindergarten. Pero ya todo eso es pasado y ahora es un hombre de metamorfosis completa y exitosa; con un grado espiritual elevado.

Mi hijo es un ejemplo para seguir. (No lo digo solamente por ser su padre). Ya que a pesar de haber nacido en un país maravilloso y de primer mundo, es un ser humano humilde, conmensurado a pesar de la abundancia que le rodea.

A mi hijo no le importa conducir un Auto que sea del año, ni decirle a nadie lo que tiene o no tiene. Trabaja desde hace tres años, tiene el hábito del ahorro, no se mete donde no lo llaman y repudia los chismes.

Es un honor de padre para mí, tener integrado a la sociedad a un joven como él, en estos tiempos de tanta confusión y extravíos mundanos. Mi hijo no importa las veces del día que me vea, viene aun con la edad que tiene y me abraza, me besa y me dice: "I LOVE YOU, PA".

Sólo puedo hacer este testimonio porque realmente mi hijo Alex, es una persona que ha llevado una vida, a pesar de su corta de edad, con una madurez increíble; y eso lo hace que yo enaltezca su condición por respeto, y por el Amor que le tengo.

Felicidades, hijo, tu padre siempre orgulloso de ti.

27- <u>YO NO QUIERO... YO QUIERO</u>

Yo no quiero perder el ágape
que me acompaña por ti;
yo quiero que tu sueño atrape
lo que te amo, dentro de mí.

Yo no quiero irme a Estambul
de vacaciones sin tu boleto;
yo quiero enhebrarte el tul
para que pintes nuestro boceto.

Yo no quiero decirte qué hagas
cuando lo hago sin querer;
yo quiero anunciarte que halagas
hasta la estructura de mi ser.

Yo no quiero bañarme con jabón
teniendo tu sudor bajo el agua;
yo quiero que sigas de canción
aún si ando por Managua.

Yo no quiero olvidarme de nada
si todo lo que soy es tu amor;
yo quiero robarte la madrugada
y dejarte en mi jardín como flor.

Yo no quiero que ahora acabe
esta fantasía real que vivimos;
yo quiero ocultar lo que no cabe
en el espacio que sentimos.

28- <u>AMO VERTE</u>

Amo verte,
cuando ya no es
con la misma mirada
que no tenía para mirarte;
porque sólo te veía
como una niña
y yo era un colegial.

Amo verte,
adictivo y no respondes
al sueño que me das;
con mis ojos aún
estando cerrados
sin tocarte.

Amo verte,
pegada a una distancia
que se acorta,
que existe, además;
a unas madrugadas
que las espero
para escribirte.

Amor verte,
caminándome de vuelta
a mis tiempos mozos;
a la piel que no me erizaba
como ahora por ti.

Amo verte,
dibujada por aquellos jardines
olorosos del batey;
e incógnita escurridiza eras,
un verso inalcanzable.

Amo verte,
diseñarte como quiero
porque llegas a mi presente;
bañas de agrado mi vida,
y tus elementos me vibran.

Amor verte,
tanto de día,
tanto de noche,
en fotografías;
te busco y quiero decirte,
lo que nada me cohíbe
por sentirte.

Amo verte,
tal vez, rendida
sobre las arenas blancas
en aquella playa
de domingos;
la que recuerdo
que compartimos
por separados.

Amor verte,
con el dulce delirio
de revivir algo
que no era conmigo,
pero que me lo trajiste,
con tu regreso
sin haberte ido.

Amor verte,
porque siempre
estuviste ahí,
para que te mirara;
me diste esa imagen
desde que existías,
para no olvidarte.

Amo verte,
así como estás,
con tu cabello largo y lacio,
con tus ojos
que me miran ahora,
y tu verdad como sea
la acepto.

Amor verte,
perdido en ciertos recuerdos
que están vigentes;
no demoraste en aparecer,
no te habías
escapado de mí.

Amo verte,
recogiendo los pedazos
que me faltaban
para armarme;
para hacerme un poeta
de esos que son eternos,
de los que aman,
y es sólo ahora, por ti,
que soy ese hombre
revivido y enamorado.

29- <u>MUJER QUE ME HABITA</u>

Eres mi balance, mi columna vertebral,
la locomoción de mis huesos,
mi directorio para llamarte en la Luna.

Sentir un poema es una acción de amor;
amarrarse contigo en la arena es un sueño.

Nadie muere que esté viviendo de verdad,
todos queremos algo sentir,
y es lo mismo que yo siento y lo comparto,
lo divido contigo para seguir siendo feliz
de saberte a mi lado, viviendo también.

Eres mi admisión, mi comedia de domingo,
la reseca de tus besos son para vigorizarme;
un montón de tu vida prende más a la mía.

Quiero darte la imagen de que me imagines,
con esa imaginación poderosa que posees;
rebusca en mi cuerpo el zumo de tu ser,
vacías lo amargo con un botín para mi fortuna,
eres una mujer que me habita,
una vasija que me da gracilidad...

30- ¡BUEN DÍA AMOR!

¡Buen día Amor!
Te deseo una jornada
llena de paz y armonía.
No pensando tanto en mí,
sino en los dos...
Unidos por el espacio,
por nuestras manos,
nuestros besos,
nuestras caricias,
por el silencio,
por la alegría,
por el dolor,
por el insomnio,
por la distancia
y, sobre todo, el amor.

¡Buen día Amor!
No despiertes aún...
Déjame contemplarte desde aquí;
déjame imaginarte,
llevarme mi pensamiento
hasta tus células,
infringir en la ley de Atracción
y sembrarte en mi mirada.

¡Buen día Amor!
Sabes que eres mi Sol,
la Luna que anoche nos vio...
Amor, no importa verte,
ni siquiera rozarte;
es un estigma tu ser,
una rosa que me cultiva...
Quédate viniendo cada vez más,
no reclames lo que nos nace entre sí.

31- <u>HASTA QUE EL SUEÑO NOS SEPARE</u>

Un reencuentro hizo renacer la flor;
fragancia que dos almas sabían...
Ella es la porcelana dejada de ver
por mis ojos, en su pleno desarrollo;
¡la Blancanieves que yo sin enanos
abandoné de nuestra tierra!

Hasta que el sueño nos separe,
es la causa de nuestro desvelo actual;
pensamientos cabales, locuras cuerdas...
Me lleva a decirle Chinita,
cuando el mundo nunca importó,
cuando las cosas del destino llegan.

Ahora quiero prenderme en su espacio,
imaginarla de la manera que sea, pero mía;
acuñada a los manantiales de paz,
vagando por las aguas que, como pez uso,
pero ambos sufrimos de apnea forzada...
Es que este sentir por dentro naufragó
y nada podemos hacer, si nos ahogamos en él.

Hasta que el sueño nos separe,
avanzamos a un nuevo día con toques digitales;
reconectándonos con esta tecnología moderna
que nos acerca, que nos comunica...
El sueño nos hace reconciliarnos
pero sabemos que sería mejor el hábito tradicional,
de mirarnos de frente como nos pensamos
y saber que la realidad, es tocarse.

32- <u>MI PLUMA NO MIENTE</u>

Es un escenario complicado la vida. Una historia que jamás termina lo que vivimos. No quiero ser hipócrita con lo que digo, pero promulgo sintiendo y no expresándolo. No uso la verborrea. Soy incapaz de proyectar una imagen en la que no me veo. Pero mi pluma no miente. Cancelados están los encuentros con la ironía. De dondequiera salen aquellos por cada esquina puestos en carteles políticos. No critico, pero mi pluma no miente.

Yo puedo decir con mis palabras mentiras piadosas por falta de miedo, para evitar una conversación o discusión absurdas, que no llevan a parte alguna. Pero mi pluma no miente cuando se trata de escribir desde el alma, llenando casilleros portátiles en miniaturas agrandadas por famas inusuales.

El punto es que mi pluma no miente y los testimonios que dejo son imborrables, porque quedan impresos con una tinta china del tiempo continuado. ¿Quiénes somos cómo para no mentir? Seguro que nos hacemos la pregunta, respondiéndonos que no somos "Perfectos". Pero yo argumento un poco más allá de la mentalidad colectiva; confirmo que mi pluma no miente porque está avalada por el impulso puro del Ser, que domina mi decisión de plasmar y conservar esencialmente la Verdad.

33- <u>MANTENGAMOS LAS COSAS SIMPLES</u>

Se abre una puerta detrás de la noche oscura.
Ahí está el borracho de siempre,
después de haberse bebido de todo en el bar
del cual se sale por la puerta que acabo de abrir.
Hay una pareja abrazada en la esquina (aprietan),
mientras yo camino hacia el Parqueo.
No tengo esta noche novia, porque la Luna no salió.
Mantengamos las cosas simples.
No sé si escriba más o me dedique a deleitarme
leyendo los poemas que me envían para alimentar mi alma.
Enamorarse es algo que lo necesitamos
pero si nos enamoramos sin pensarlo y espontáneamente,
el amor vale el doble y se siente el triple.
Por eso te dejo mi amor colgado en el cuadro de la Eternidad.
¡Buenas noches! Le grito a dos bármanes que se van también.
Están parqueados al lado mío.
Son pareja. (Gays)
Mantengamos las cosas simples.
Ya estoy presionando el botón automático de mi auto.
Se prende mi Lexus de 2017.
Salgo a la calle en busca de un lugar para cenar.
Una pizzería específicamente.
La carretera está mojada por un chubasco que cayó media hora antes.
Finalmente, a las dos y media, voy a Montes de Oca, la pizzería de mi pueblo.
De allá son ellos.
Extraño la Luna. ¡Mi Luna! Ella sabe quién es.
Me atiende una muchacha con un tatuaje en su mano derecha.
El tatuaje es de un corazón.

Es cubana.
Me le quedo mirando.
Sale hablando el dialecto moderno que usan allá en la isla ahora.
Le pido en mi castellano refinado y sin perder el acento isleño,
una pizza napolitana.
Diálogo
- hola, me traes una pizza napolitana.
- sí claro, mi amor.
- También un batido de trigo.
- Ok. ¿Eso es todo?
- Sí. Por hoy sí.
Mantengamos las cosas simples.
Pasa un carro bombero por el enfrente con las sirenas a todo dar.
Son las dos y treinta y cinco de la madrugada.
Medito.
Saco conclusiones.
Termino de cenar.
Me retiro en mi coche y voy a la cama de mi casa.
La casa es la misma de siempre.
No hay nadie.
Abro mi tableta.
No veo mensajes de nadie en el mensajero del Face.
La noche ya es de madrugada.
El digital de mi reloj dice que son las 3:54.
Ahí me quedo escribiendo un poema.
Y lo nombro así: "Mantengamos las cosas simples".
FIN.

34- <u>MI VIDA EN UNA MUJER</u>

Es el Amor universal
que a través de mi alma toca la suya.
No he vuelto a visitar el mar
porque sé que no va,
y las olas me recordarán que no está allí...
¿Para qué quiero ser su amigo?
Si con lo que me gusta,
nunca funcionaría nuestra amistad.
Me castigara si una noche de estas
no la puedo ver;
porque ya no tendrá que esperarme,
porque estaré a su lado.
Dormiré feliz esta madrugada,
porque finalmente
sus últimas palabras fueron: Te Extraño.
Me encuentro con ella,
¿no sé qué me sucede?
Pierdo el estribo. ¡La amo!
Si se acuesta a mi lado una noche
conocerá a un hombre;
pero si se queda conmigo siempre
sentirá el amor.
Yo soy un halcón en vuelo
en la latitud de su horizonte,
porque es mi cielo...
Ella está lejos;
pero yo la albergo
cálidamente en mi corazón.
Un día les contaré cualquier cuento,
pero jamás la historia que vivo con ella.
Ella debe saber que no es personal,
pero solamente la quiero a ella en mi vida.
Amándola me pierdo el amor de otras,
pero ¡qué bello es estar con ella!

35- <u>MI RESPUESTA</u>

"Básicamente", es una palabra que no uso mucho. Pero leyendo bien la transparencia de tu alma, de tu forma expresiva mental, tus vivencias, lo que sabes que no has tenido y en mí, lo has hallado a los 35 años; a pesar de que venimos del mismo lugar, es un poco enigmático este reencuentro en estas circunstancias.

Eso no elimina ninguna posibilidad que fecunde una realidad entre los dos con unas directrices del más allá de lo inesperado, de lo insospechado... Ya estamos empezando a entrar en una fase final para el ágape, para los enamorados empedernidos, pero el amor de las indefinidas manifestaciones que se nos refleje tiene su magia intrínseca.

Y dices una razón muy importante, "que jamás perderás el tiempo conmigo", porque cada segundo que te dedique del modo equis que sea, te lo daré con todas mis ganas y sentimientos.

Respecto al Futuro, es incierto. No obstante, debemos tenerlo presente en el Presente. Porque un día el Futuro se convierte en Hoy. Y ese hoy tenemos que saberlo asumir cómo lo planificamos Ayer.

"Mi vida es tan importa que sólo me interesa a mí". Esa es una de mis propias frases y preferidas por mí mismo. Pero creo que la cambiaré un poco respecto a ti. Diré que, "mi vida va a ser un poco más importante si te dejo que te intereses un poco por mí".

Lo demás está de más. No se puede zurcir lo que ya se deshilachó. En mi vida lo hecho, hecho está. Por eso te exhorto que no mires lo que tengo, de lo que he sido antes de aparecer tú, sólo observa el árbol que va creciendo entre los dos y nos hace ir trepando escaños que nadie nos ve que estamos trepando. Porque esa es la historia que tú y yo, cultivamos.

Esta madrugada ha sido complaciente, porque mañana leerás mis letras y me darás la oportunidad de entrar un poco más adentro de tu corazón.
No quiero decirte que te Amo. Porque lo que se siente no hace falte anunciarlo.

36- **<u>PREGUNTA DESNUDA</u>**

Hace tanto que no me ves,
y eras una niña todavía
cuando me fui.

No recuerdo con exactitud
la edad que tenías;
para entonces,
yo caminaba para irme lejos,
porque un viaje largo
se empieza
con un simple paso...

Y hoy míranos aquí,
tú apareces para ofrecerme
lo más grande que una mujer
le puede ofrecer a un hombre:
esencia y libertad.

Yo te buscaba sin buscarte,
al igual te hallé
sin saberlo.

Sé que existías
pero no que llegaría,
a tenerte tan cerca.

37- <u>POEMA AL LIBRE ALBEDRÍO</u>

Si estoy aquí es porque quiero estar,
no porque tú quieres que esté;
no puedo perder un minuto al azar
como en aquel país que dejé.

No soy un hombre de manías,
no compro más de lo que necesito;
soy libre de andar fuera de tranvías
que me hubiesen paseado por Quito.

Estoy porque quiero estar contigo,
no seas un karma que me hostiga;
yo que en Raisting coseché trigo
y por los montes me picó la hormiga.

La libertad es obtusa sin albedrío,
soy cantor de la libertad suprema;
el amor, la paz y la fe son el gran trío
cuando tu alma me recita su lema.

Estoy escribiendo por estar a tu lado
en ese espacio que comparte el silencio;
por olvidar, olvido al error de Leningrado
para exiliarme contigo, en lo que presencio.

38- <u>SOY YO TU CULPA</u>

Es más fácil resignarse a quererte,
porque olvidarte es una misión imposible.
Nunca he complicado los sentimientos con la expresión;
tal como me brota te los expreso.

Olvidaste decirme adiós...
Pero no sabes que jamás te fuiste;
yo te había sembrado tan hondo en mis células
que siempre germinas,
con una cepa rehecha del Recuerdo.

Ahora entiendo el porqué,
ya sabías que me verías de nuevo;
cánsate de mí, pero no del amor puro que te doy.
Soy tan tuyo que no me acuerdo ni quién es el Yo;
estudio en tu cuerpo,
duermo en tu alma y vivo en tu vida.

Lo demás es pasajero para mí...
Te dejé embarazar, que te casaras;
además, que vivieras un destino y al final,
supiste que era mi Amor el culpable
de lo que nunca has hallado allá:
¡donde el frío del verano te afecta!,
¡donde el calor del frío no lo tienes!

Me hablas por todas las redes sociales,
me cobijas en tus sueños;
es la culpa que tengo yo,
la culpa de no poder haberte tenido
y darte el cariño que resguardo en mí,
para nutrirte del mismo...
Soy yo tu culpa.

39- <u>HACERTE EL AMOR</u>

Yo siento que te toco,
y mis manos vacías se llenan de tu piel.
Piensa que mi distancia llega hasta a ti,
que tu cuerpo lo abrazo yo...
Acabo de emerger más allá de un pensamiento,
una idea sucia de cómo se desnuda como tú,
a una doncella en pleno siglo XXI,
porque ahora se tiene mucho sexo;
pero Corazón, tener sexo no es hacerte el amor.
El amor que yo entrelazo entre los dos,
trae esas fibras vibratorias e invisibles
que hacen desaguar tus interiores,
al llegar a rozarte con mis labios tu fino oído,
y con la punta de tus pezones fuera de humedad.
Yo te hago la lluvia que tú necesitas,
el agua tibia que se le hierve a una mujer por dentro,
me la darás a beber cuando mi paloma
baje a beber a tu fuente;
porque tu fuente se alimenta
con la lluvia que yo te suministro.
Hacerte el amor no es una frase,
es erizarte desde tus ojos cerrados
e imaginarnos el éxtasis por los poros,
cuando entramos como aire por ellos,
y en la cúspide de la excitación entre ambos
lograremos el más alto clímax de Amor,
y ese hacer que dicen que es como se hace,
verás que se convertirá en un eterno vuelo,
para que siempre volemos injertados el uno con el otro.

40- <u>NI DETECTIVE NI JUEZA</u>

Ya acepté las razones que antes no entendía,
ese por qué de infelicidad acompañado;
por eso me va bien en el amor, solo,
porque no puedo tener una detective
persiguiéndome ni juzgándome
por cada paso que doy sin conocerlos,
ni tampoco trabajo en un noticiero
para estar anunciando mi historia al día,
tengo el derecho de reservarme lo que vivo
y no entrometerme con otros.
No soy de los que traicionan por demás,
tampoco soy un arcángel ni quiero serlo;
solamente busco paz y libertad
de estar conmigo, como nadie lo hace.
Puede ser que sea mi esencia YO,
pero no necesito una detective,
ni una fiscal ni una jueza en mi vida.
Ya para eso están los verdaderos tribunales
y es suficiente con los jefes laborales,
la policía y hasta la misma familia
que quiere controlarnos y no es mi caso,
porque desde niño escapé de esa persecución.
No quiero tener una detective ni una jueza;
tal vez sólo a ti, sobre el mundo que subsisto
sin decirme qué hacer o si estoy pensando
cuando camino, siento o me inspiro.
Suprime la jueza que no es tu papel;
yo sé respetar las leyes ajenas,
sé amar con amor y dejar libre al amar.

41- <u>ESCRIBIRTE PARA SOÑARTE</u>

Quiero que tengas un ritmo
que oscile con mi universo;
el sentido de tus sueños los sufragaré
con mis rezos por tu paz...
No sabes que cada noche soy un noctámbulo
porque percibo tu apnea desesperada,
la misma sensación loca de querernos
como se quieren esos Romeos sin Julietas;
y esas Julietas que esperan
como Penélope a sus Romeos.
Ambos perdidos... ¿Perdidos de qué?
¿De curiosidad? ¿De ganas de querer?
¡Yo más bien diría que de amar!
No puedes creer que soy un duende,
el persecutor de tu historia reencontrada,
la reencarnación de mi vida en la tuya;
te daré un segmento diario para escribirte
y soñarte como lo haces conmigo,
cuando ignoras que te amo con vitalidad.
Quiero que sientas que te sueño,
te estoy escribiendo porque te extraño,
que deseo terminar esta situación
pero se impone el romance;
la realidad que es un viaje de dos horas
entre los dos, un devaneo ilógico
y seré Sebastián y tú la Gaviota,
pero esos lirios siguen perfumando mi respirar,
¿no sé por qué te veo diferente?
Jamás siento temor de amar,
pero contigo protejo ese amor que se engendra,
es un hálito que no se quiere perder;
son las orlas de una ilusión que te escribo
para soñarte, para venerarte, para esperarte...

42- <u>OPORTUNISTA</u>

Tú me estás dando la parte que me toca
de tu esencia sacada de la mía;
estoy observando las directrices de tu boca
y tapando con tu manto, lo que me pertenecía.

Yo no puedo perder una noche de sueño,
porque te hablo con letras sacadas de mi corazón:
letras de poeta, de reencuentro y el desdeño
que el amor me trae por tu pasión.

No seré el oportunista que quiere todo de ti,
no soy ese mítico que a una mujer engaña;
soy oportunista porque te bebo por dentro de mí
como se bebe con copas la maraña.

Puedes recapacitar que yo pienso que eres,
alguien que no sé quién es, o yo ser un oportunista;
y mi oportunidad contigo no es la de otras mujeres,
ni para ti seré el hombre, que te aprese por egoísta.

43- <u>LA NIÑA DEL INGENIO AZUCARERO</u>

Yo la recuerdo cuando andaba de la mano con su madre,
-una mujer más que elegante, en todos los sentidos-;
la niña me vislumbraba sin parecerse mucho a su padre
y yo la admiraba al pasar, desde los muros escondidos.

Los aguinaldos iban creciendo como cada primavera,
la niña también creció y el Ingenio azucarero fue muriendo;
se fue cada joven que pudo desarrollarse con su quimera,
esa vida en el batey no llevaba a lo que uno iba sintiendo.

Pues, yo me fui al igual que Osmany, el hijo del Chino,
y al pasar los años ella también, la ya muchacha, la hija de la China;
aquella niña del Ingenio que vivía cerca al rocoso camino,
me la hallé como la vislumbrada, y ahora tan bella de mujer camina.

Los valles son corazones de la naturaleza y el frío es atípico,
la magia de la zafra hizo mecer mis musas cuando estaba allá;
yo me quedé siempre con la imagen de ese lugar típico,
perdido y falta de atención, con tanta gente buena como su mamá.

La niña del Ingenio azucarero es hoy una moza que lo demuestra,
me ha buscado y no lo sabía, aunque me la improvisé desde antes;
ella es dulce como la azúcar de nuestra caña, además de maestra,
y le debo versos que siento por tomar otras rutas navegantes.

44- <u>ME CAMBIA EL CORAZÓN</u>

Cae el crepúsculo y veo a trasluz al Sol esconderse... Hace una combinación entre la lluvia que cayó, espectros de colores claros que me transporta y me cambia el corazón.

Es una tarde en el Norte de vacaciones como aquellas que tuve en Suiza. ¡Yo viví y ahora lo recuerdo!

Comencé muy joven. Amé tanto que jamás he vuelto a amar. Pero, sin embargo, hoy me cambia el corazón pensar con la facilidad que te digo: "Te amo como me lo dices tú a mí y te creo con la misma intensidad que me lo afirmas".

Quiero ser un vago que camine por las calles que se llamen: Tu Piel. A veces me cambia al corazón saber que me quieres tener y yo ser esa cuerda a la que te aferras para deslizarnos juntos en la caída de este mundo convulsionado.

Me cambia el corazón por dentro y por fuera; me regeneras con tu energía desde lejos.

¡Estás tan cerca! Doblas la esquina del alma conmigo abrazándote.

Comprendo que se puede amar y besar en el sueño de la imaginación.

Por eso te escribí dos poemas.

Uno es este: CUANDO

Cuando puedo irme es cuando estás viniendo.

Cuando quiero enamorarme es cuando más me enamoro de ti.

Cuando deseo salirme de lo nuestro es cuando más me apresas.

Cuando pierdo las ganas de vivir es cuando revives mi vida.

Cuando simpatizo con alguien es cuando me la quitas del frente.

Cuando salgo de fiesta es cuando me invitas.

Cuando bebo para embriagarme es cuando tú me salvas.

El otro es este: UN DÍA PERDÍ LA CABEZA
Ah yo de nuevo, la cara y queda el beso dulce tuyo en mi boca salada.
Pues soy un ladrón, por tal de que me beses en la boca.
Estaré preso por mucho tiempo.
PS: Espera carta de amor desde la prisión. Sólo por haberte robado millones de besos
he ido preso por los besos que te robé, y que me den cadena perpetua por robártelos.
Espero que te hayan gustado mis dos poemas imaginados.
Y no olvides que me cambia el corazón...

45- <u>AHORA SOY LO QUE SOÑÉ QUE SERÍA</u>

(Un niño que no fui)

Soñaba que sería un hombre como el que soy hoy. Así que esa parte ya la pasé.
Un niño descalzo transitando caminos enmarañados y sueños locos...
La Luna aclaraba las noches oscuras cuando salía a kilómetros a visitar mis vecinos a caballo para jugar partidos de briscas.
Yo me enamoraba de cualquier muchacha que veía mayor que yo. No tenía atrasado el apetito sexual, tal parece que desprendí la última vida o morí teniendo sexo al pasar a la nueva reencarnación.
Igual mi amiga de unos 70 años me prestó para que leyera la Biblia del viejo Testamento.
Era un niño noble pero audaz. Cazaba liebres con mi perro Campeón y me metía en las cañadas a pescar, pero mientras mi metamorfosis se confeccionaba, enhebraba la idea de ser un hombre como el que soy yo.
Siempre puede verme atrevido y discreto para mis cosas. Aunque eso sí ha cambiado porque hoy me importa un bledo decir lo que me da la gana. Y anoche soñé que gritaba libremente: ¡VIVA MI PRESIDENTE DONALD J. TRUMP! Era tan feliz como aquellos años en mi campo solitario, viendo que nadie más gritaba y el mundo entero estaba en contra como en mi niñez.
Soy el hombre que quise ser, porque he hecho lo que quería sin conocer el Secreto de las cosas que nos ocultan.
Hay una verdad en todo esto, leí la Biblia y el Quijote: con una aprendí a confirmar que no estaba solo y que tenía el mejor aliado de Todos, JEHOVÁ; y la locura que corroboré me la dio el Quijote. Ese soy yo hoy el hombre que de niño se hizo creyente y aventurero con Fe y locura.

OASIS&ALAMBIQUE
PUBLISHING

www.ingramcontent.com/pod-product-compliance
Lightning Source LLC
Chambersburg PA
CBHW031335130726
47988CB00007B/3138